Glücksmomente
für jeden Tag!

Sind es nicht die kleinen Momente des Glücks,
die uns ein Lächeln aufs Gesicht zaubern?
Jeder Tag bietet uns immer wieder die Chanc
uns zu freuen und glücklich zu sein.
Wir müssen sie nur sehen, diese kleinen
Glücksgeschenke, die einfach
gute Laune machen!

Dass ich fröhlich bin,
die Sachen leicht nehme,
das ist mein Glück.

Johann Wolfgang von Goethe

Glücks-
momente

für jeden Tag

www.groh.de

GROH

Foto S. 4. 5: plainpicture/Deepol/Peter Nitsch

Wer sagt,
dass man Glück
nicht essen kann?

Nina Sandmann

Foto S. 6, 7: Dave King/Getty Images

Glück ist …

die ersten Erdbeeren im Jahr zu naschen.

Glück ist …
seinen eigenen Weg zu gehen.
Foto: iStockphoto/DNY59

Heiterkeit und Stille sind
kleine Schritte auf dem Weg zum Glück.

Gertrud Uekötter

Foto S. 10, 11: iStockphoto/james knighten

Glück ist dort,
wo man Glück schenkt.

Ladislaus Boros

Im Genuss wirken
alle Sinne zusammen.

Erika Tunner

Foto: iStockphoto/mcfields

Glück ist …

in ein Stück duftenden,

noch warmen Kuchen zu beißen.

Das Glück ist wie ein Schmetterling:
Wenn wir es jagen, vermögen
wir es nicht zu fangen, aber wenn
wir ganz ruhig innehalten,
dann lässt es sich auf uns nieder.

Nathaniel Hawthorne

Foto S. 14, 15: DAJ/Getty Images

Glück ist …

die Welt mit Kinderaugen zu sehen.

Strahlende Augen
leuchten in glücklichen Herzen auf.

Hans-Josef Buhre

Foto: URF/f1online

Wir können das Glück nicht
mit den Händen fassen.
Aber wir können ihm
unser Herz öffnen.

Irmgard Erath

Foto: Julie Toy/Riser/Getty Images

Glück ist ...

sich das Leben so bunt

zu machen, wie es einem gefällt.

Unser Leben wird fröhlicher,
wenn wir farbenfroher denken.

Katja Heimberg

Foto: Florian Werner/LOOK-foto

Die Freude ist
der Schlüssel zum Glück.

aus Arabien

Suche nach Ruhe,
aber durch das Gleichgewicht,
nicht durch den Stillstand
deiner Tätigkeit.

Friedrich Schiller

Foto S. 24, 25: Ove Eriksson/Nordic Photos/Getty Images

Die Fähigkeit, glücklich zu leben,
kommt aus einer Kraft,
die der Seele innewohnt.

Marc Aurel

Foto: iStockphoto/Anna Khomulo

Glück ist…

die ersten Schneeflocken

mit der Nasenspitze aufzufangen.

Lerne nur das Glück
ergreifen, denn das Glück
ist immer da.

Johann Wolfgang von Goethe

Foto S. 28, 29: iStockphoto/Jennifer Oehler

Foto: iStockphoto/kycstudio

Glück ist ...

gute Freunde zu haben.

Der größte Reichtum
der Menschen ist ihre Fähigkeit,
einander glücklich zu machen.

Irmgard Erath

Foto S. 32, 33: iStockphoto/Jodi Jacobson

Glück ist…

sich mit Freunden vor Lachen zu kugeln.

Jedes Lachen vermehrt
das Glück auf Erden.

Jonathan Swift

Foto: sborisov/fotolia

Die Welt wäre eigentlich voller Freuden;
man könnte deren finden auf Schritt und Tritt,
aber man muss eigene Augen haben,
sie zu sehen, man muss eine Art
Glückskind sein dafür.

Jeremias Gotthelf

Foto: iStockphoto/Damian Gadal

Glück ist…

einen lieben Brief zu bekommen.

Glückliche Augenblicke
machen das Glück
des Lebens aus.

aus Spanien

Das Glück kommt nicht ungerufen.
Man muss ihm entgegengehen.

Ugo Foscolo

Foto S. 38, 39: iStockphoto/Tryfonov Ievgenii

Glück ist …
die Seele baumeln zu lassen.
Foto: iStockphoto/Bob Herbert

Die Träume ausschicken.
An ein Ziel, wo die Welt nur
einem selbst gehört.

Celeste Marin

Foto: iStockphoto/Soubrette

Glücklich ist einer,
der sich bei Sonnenuntergang
über die aufgehenden Sterne freut.

Adalbert Ludwig Balling

Kleine Freuden sind
die Stufen zum Glück.

Brigitte Theilen

Glück ist …
ein warmer Sommerregen.
Foto: iStockphoto/Steve Simzer

Die höchste Form des Glücks
ist ein Leben mit einem
gewissen Grad an Verrücktheit.

Erasmus von Rotterdam

Foto: Frederic Vasseur/StockFood Creative/Getty Images

Glück ist …

das Lieblingslied im Radio
zu hören und laut mitzusingen.

Es ist ein ungeheures Glück,
wenn man fähig ist,
sich zu freuen.

George Bernard Shaw

Glück ist...
ein unerwartetes Geschenk zu bekommen.
Foto: mauritius images/Hiroshi Higuchi

Foto S. 50, 51: iStockphoto/Gmosher

Glück ist …

eine schnurrende Katze

auf dem Schoß zu haben.

Wo immer sich
eine Katze niederlässt,
wird sich das Glück einfinden.

Stanley Spencer

Bei einem Glas Wein
mit guten Freunden über Gott
und die Welt reden –
das ist höchstes Glück.

Arthur Lindner

Foto: iStockphoto/Dominic Turner

Glück ist …

das schöne Gefühl, einem
lieben Menschen ganz nah zu sein.

Foto: Stockfood/Sian Irvine

Glück ist …

einer süßen Versuchung

ganz einfach nachzugeben.

Deine erste Pflicht ist es,
dich selbst **glücklich** zu machen.
Bist du glücklich, so machst du
auch andere glücklich.

Ludwig Feuerbach

Glück ist …

ein Zuhause zu haben,

wo man sich so richtig wohlfühlt.

Es gibt keinen Ort,
der das Zuhause ersetzen kann.

aus Italien

Foto S. 58, 59: iStockphoto/fotoVoyager

Glück ist …

nach einer Wanderung

endlich den Gipfel zu erklimmen.

Wer ein lohnendes Ziel vor
Augen hat, überwindet auch
steinige Wegstrecken.

Esther Damm

Um zu leben, müssen
wir unaufhörlich erobern –
wir müssen den Mut zum
Glücklichsein haben.

Henri-Frédéric Amiel

Foto: John Block/Botanica/Getty Images

Es liegt sehr oft nur an uns, unserem Alltag die kleinen Lichttupfer zu geben, die alles heiterer machen. Wenn unser Herz bereit ist, die Glücksmomente aufzunehmen, werden wir erstaunt sein, wie viele glückliche Augenblicke auf uns zukommen.

Aenne Burda

Foto S. 62, 63: Sabine Fritsch/STOCK 4B/Getty Images

Foto: iStockphoto/ranplett

Glück ist …

neue, unbekannte Wege zu gehen.

Den Mutigen hilft das Glück.

Terenz

Es ist nie zu früh,
mit dem Sichfreuen
und Glücklichsein anzufangen.

Rainer Kaune

Foto: Wilfried Wirth

Foto: iStockphoto/Cornelia Pithart

Glück ist ...

etwas mit echter Hingabe zu tun.

Wo Herz ist,
da ist auch Glück.

aus Polen

Nicht weil man glücklich ist,
ist man heiter,
sondern weil man heiter ist,
ist man glücklich.

Dieudonné

Foto: iStockphoto/Lauri Wiberg

Glück ist …

die Feste zu feiern, wie sie fallen.

Foto: iStockphoto/Helder Almeida

Glück ist...

den Bus gerade noch zu erwischen.

Kleinigkeiten sind die größte Form des Glücks.

Thomas Romanus

Foto: iStockphoto/Waltraud Ingerl

Glück ist…

eine fremde Stadt zu erkunden.

Der Weg zum Glück führt
über die Brücke der Zufriedenheit.

Irmgard Erath

Glück ist…

einen Termin sausen zu lassen, um sich ganz spontan mit einer Freundin auf einen Kaffee zu treffen.

Foto S. 76, 77: Christiane Bach

Erwarte das Glück
nicht auf seltenen Wegen.
Such es im Alltag.

Marie Hüsing

Foto: mauritius images/Maik Kern

Glück ist …

Urlaubsgrüße aus aller Welt zu bekommen.

Die Freude an
kleinen Dingen bringt uns
dem großen Glück sehr nah.

Brigitte Theilen

Es gibt kein vollkommeneres Glück,
als die Ruhe in sich selbst.

Günter Goepfert

Foto: iStockphoto/Max Meier

Glück ist …

sich selbst mehr Zeit zu schenken.

Foto: iStockphoto/fotoVoyager

Glück ist …

ganz spontan ins Grüne zu fahren.

Blumen sind die Augen,
mit denen uns
die Natur anschaut.

Gerhard Uhlenbruck

Der Mensch ist für
die Freude geschaffen.

Friedrich Wetter

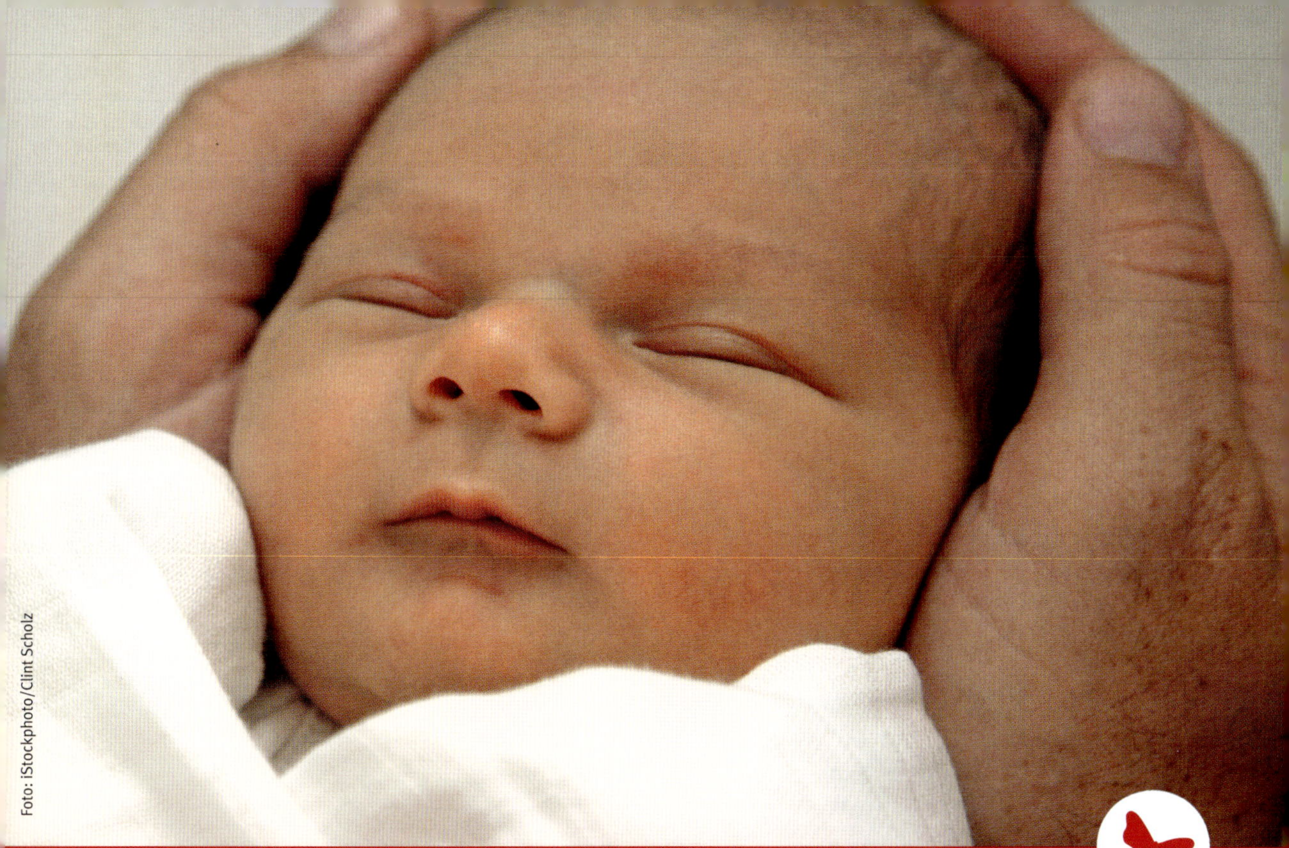

Foto: iStockphoto/Clint Scholz

Glück ist …

ein Neugeborenes im Arm zu halten.

Vertraue auf dein Glück –
und du ziehst es herbei.

Seneca

Foto: iStockphoto / Stasiek Pytel

Glück ist ein Wunderding.
Je mehr man davon gibt,
desto mehr hat man.

Madame de Staël

Foto: Klaus Scholz

Glück ist …

sich bei Freunden willkommen zu wissen.

Glück ist...

ein gemütlicher Abend zuhause.

Foto: Kate Mitchell/zefa/Corbis

Glück ist, am Abend dankbar
auf den Tag zurückzublicken.

Nina Sandmann

Die Welt ist voll von kleinen Freuden,
die Kunst besteht nur darin,
sie zu sehen,
ein Auge dafür zu haben.

Li Tai-Pe

Foto S. 92, 93: iStockphoto/asiseeit

Glück ist …

jemandem eine Freude zu machen.

Foto S. 94, 95: iStockphoto/rusm

Mit sich selbst in Frieden leben ist wohl das höchste Glück auf Erden.

Matthias Claudius

Verliere nie den Glauben
an die Sonne, auch wenn sie
sich hinter den Wolken verbirgt.

unbekannt

Foto S. 96, 97: iStockphoto/Marcela Barsse

Die Freude und das Lächeln
sind der Sommer des Lebens.

Jean Paul

Foto: shreddhead/fotolia

Glück ist...

sich über ein Kompliment zu freuen.

Foto S. 100, 101: iStockphoto/Alexander Kalina

Glück hängt nicht in der Luft,
es wird mit den Händen geschaffen.

aus Russland

Foto: Lars Langemeier/A.B./Corbis

Glückliche Momente,
die wir gemeinsam genießen,
sind die schönsten
Geschenke des Lebens.

Alexandra Heinrich

Foto: iStockphoto/Jillian Pond

Glück ist …

ein schattiges Plätzchen

an einem heißen Tag.

Suche das Glück
in den kleinen Dingen.

Naomi May

In der Beschäftigung selbst
Vergnügen zu finden,
das ist das Geheimnis
der Glücklichen.

Sophie Merau

Glück ist …

ein neues Hobby für sich zu entdecken.

Foto: M. Neugebauer/Corbis

Glück ist …

der Anruf eines guten Freundes.

Das Glück kann man
nur multiplizieren,
indem man es teilt.

Albert Schweitzer

Begeisterung ist
der Schlüssel zum Glück.

Ursula Kohaupt

Foto: bittedankeschön/fotolia

Man darf nicht verlernen,
die Welt mit den Augen
eines Kindes zu sehen.

Henri Matisse

Foto: B. Sporrer/zefa/Corbis

Glück ist …

verschneite Bäume

in der Sonne glitzern zu sehen.

Glück ist die Zufriedenheit
des Herzens.

Irmgard Erath

Jeder Tag wird dir gereicht,
um glücklich zu sein.

Johann Wolfgang von Goethe

Foto: Pieter Estersohn/Beateworks/Corbis

Glück ist ...

am Wochenende ein
ausgedehntes Frühstück zu genießen.

Foto S. 118, 119: Sherman Hines/Masterfile

Der Weg zu allem Großen
geht durch die Stille.

Friedrich Nietzsche

Nur wer sich selbst mag,
kann anderen ein Freund sein.

Benedikt Ambacher

Foto S. 120, 121: iStockphoto/Andriy Solovyov

Die Stille ist das Atemholen der Welt.

Friedel Kuhlmann

Glück ist...
einfach mal die Füße hochzulegen.
Foto: iStockphoto/Siri Groenskar

Foto: Mitsushi Okada/amanaimages/Corbis

Glücklich ist, wer es versteht,
allen Dingen etwas
Gutes abzugewinnen.

Walter Reisberger

Jeder Tag bringt
uns das Glück eines
neuen Anfangs.

Ellen Hassmann-Rohlandt

Foto S. 126, 127: iStockphoto/ooyoo

Wer einmal sich selbst
gefunden hat, kann nichts
auf dieser Welt mehr verlieren.

Stefan Zweig

Foto S. 128, 129: mauritius images/Grafica

Foto S. 130, 131: Premium

Glück ist …

sich noch mal im Bett umzudrehen.

Nimm dir jeden Tag eine
halbe Stunde Zeit für deine Sorgen
und in dieser Zeit
mache ein Schläfchen.

Laotse

Glück ist...
der Duft von Flieder.

Glückseligkeit
besteht nur
in Augenblicken.

Caroline von Schelling

Foto: iStockphoto/Jennifer Jagusak

Glück ist …

wenn einem jemand sein Herz schenkt.

Das Glück ist ein großer Kuchen:
Man kann ihn nur essen,
wenn man ihn teilt.

Thomas Romanus

Selbstvertrauen
ist das erste Geheimnis
des Erfolgs.

Ralph Waldo Emerson

Glück ist …
sich auch mal
wie jemand
ganz Besonderes
zu fühlen.
Foto S. 136, 137: iStockphoto/Manuel Meewezen

Foto S. 138, 139: iStockphoto/michael koehl

Glück ist…

einen Sonnenuntergang
am Meer zu beobachten.

In jeder Glückseligkeit
liegt ein Schimmer vom Paradies.

Günter Goepfert

Das Glück erkennt man
nicht mit dem Kopf, sondern
mit dem Herzen.

aus Norwegen

Foto: iStockphoto/James Pyle

Der Hund ist ein Begleiter,
der uns daran erinnert,
jeden Augenblick zu genießen.

Marla Lennard

Glück ist…

mit einem jungen Hund zu spielen.

Der richtige Augenblick
zum Glücklichsein ist jetzt!

Rainer Kaune

Foto: Victoria Pearson/Stone/Getty Images

Foto S. 146, 147: iStockphoto/Ermin Gutenberger

Das kleinste Glück ist
oft das größere.

Edith Römisch

Foto: iStockphoto/Jenny Swanson

Glück ist …

am prasselnden Kaminfeuer zu sitzen.

Die schönsten Ereignisse sind nicht die lautesten, sondern unsere stillen Stunden.

Friedrich Nietzsche

Foto: iStockphoto/Alex Bramwell

Glück ist…

einfach mal in den Tag hinein zu träumen.

Das Glück wohnt in uns;
Zufriedenheit und Dankbarkeit
verleihen ihm Flügel.

Brigitte Theilen

Foto: iStockphoto/PhotographerOlympus

Glück ist …

nicht immer perfekt sein zu müssen.

Das Große ist nicht,
dies oder das zu sein,
sondern man selbst zu sein.

Sören Kierkegaard

Foto S. 154, 155: iStockphoto/Long Tran The

In uns selbst liegen
die Sterne unseres Glücks.

Heinrich Heine

Gib jedem Tag die Chance,
der schönste deines
Lebens zu werden.

Mark Twain

Foto S. 156, 157: PBY/f1online

Glück ist …

den Blick auf das Schöne zu richten.

Glück ist …

rundum stolz auf sich zu sein.

Der höchste Genuss besteht in der Zufriedenheit mit sich selbst.

Jean-Jacques Rousseau

Glück ist …

sich mit einem bunten Blumenstrauß
den Frühling nach Hause zu holen.

Glück, das ist
mit beiden Händen
Blumen halten.

aus Frankreich

Foto: iStockphoto/Johan Ramberg

Glück ist …

an einem plätschernden Bach zu sitzen.

Nur im Augenblick
liegt das Glück.

Ursula Kohaupt

Foto: iStockphoto

Glück ist …

ein lauer Sommerabend auf dem Balkon.

Je froher dein Herz ist,
desto heller leuchtet die Sonne.

unbekannt

Wer sein Herz der Freude öffnet,
ist dem wahren Glück sehr nah.

Brigitte Theilen

Foto S. 166, 167: age fotostock/LOOK-foto

Ein Morgen am Meer.
Und du weißt, was Friede ist.

Josef Butscher

Foto S. 168, 169: iStockphoto/René Mansi

Foto: Travelpix Ltd/Photographer's Choice/Getty Images

Glück ist…

Vogelgezwitscher an

einem sonnigen Morgen.

Man benötigt nur wenig,
um ein glückliches
Leben zu führen.

Marc Aurel

Foto: Peter von Felbert/LOOK/Getty Images

Das wahre und sichtbare Glück
des Lebens liegt nicht
außer uns, sondern in uns.

Johann Peter Hebel

Die wahren Geschenke des Lebens
sind keine erfüllten Wünsche,
sondern Überraschungen.

Thomas Romanus

Foto S. 174, 175: iStockphoto/Stephanie Kuwasaki

Glück ist …

einfach so Blumen

geschenkt zu bekommen.

Foto S. 176.177: Brian Pieters/Masterfile

Das Glück wohnt nicht im Besitz
und nicht im Gold, das Glücksgefühl
ist in der Seele zu Hause.

Demokrit

Das Glück ist ein Mosaik aus winzig kleinen Freuden.

Monrois

Glück ist ...

die ersten
Schneeglöckchen
zu entdecken.

Foto S. 178, 179: iStockphoto/Elena Sychugina

Wenn ich mitten im Alltag innehalte
und gewahr werde, wie viel mir geschenkt ist,
werden die zahllosen Selbstverständlichkeiten
zu einer Quelle des Glücks.

Gustave Flaubert

Foto: iStockphoto/ooyoo

Glück ist …

zu sehen, wie die Bäume

langsam wieder grün werden.

Foto: Goodshoot / Jupiterimages

Glück ist …

sich mit einer wohlig warmen
Wärmflasche ins Bett zu kuscheln.

Spannung lösen, entspannen.
Das ist nicht Stillstand,
sondern Bewegung nach innen.

Celeste Marin

Die wesentliche Voraussetzung
für Glück ist die Bereitschaft,
der zu sein, der man ist.

Erasmus von Rotterdam

Foto: iStockphoto/Manuela Weschke

Glück ist…

mit sich selbst zufrieden zu sein.

Wer an das Glück glaubt,
der hat Glück.

Friedrich Hebbel

Foto: iStockphoto/konradlew

GEBURTSTAGSKALENDER

7	8	9	10	11	12
1	1	1	1	1	1
2	2	2	2	2	2
3	3	3	3	3	3
4	4	4	4	4	4
5	5	5	5	5	5
6	6	6	6	6	6
7	7	7	7	7	7
8	8	8	8	8	8
9	9	9	9	9	9
10	10	10	10	10	10
11	11	11	11	11	11
12	12	12	12	12	12
13	13	13	13	13	13
14	14	14	14	14	14
15	15	15	15	15	15
16	16	16	16	16	16
17	17	17	17	17	17
18	18	18	18	18	18
19	19	19	19	19	19
20	20	20	20	20	20
21	21	21	21	21	21
22	22	22	22	22	22
23	23	23	23	23	23
24	24	24	24	24	24
25	25	25	25	25	25
26	26	26	26	26	26
27	27	27	27	27	27
28	28	28	28	28	28
29	29	29	29	29	29
30	30	30	30	30	30
31	31		31		31

GEBURTSTAGSKALENDER

1	2	3	4	5	6
1	1	1	1	1	1
2	2	2	2	2	2
3	3	3	3	3	3
4	4	4	4	4	4
5	5	5	5	5	5
6	6	6	6	6	6
7	7	7	7	7	7
8	8	8	8	8	8
9	9	9	9	9	9
10	10	10	10	10	10
11	11	11	11	11	11
12	12	12	12	12	12
13	13	13	13	13	13
14	14	14	14	14	14
15	15	15	15	15	15
16	16	16	16	16	16
17	17	17	17	17	17
18	18	18	18	18	18
19	19	19	19	19	19
20	20	20	20	20	20
21	21	21	21	21	21
22	22	22	22	22	22
23	23	23	23	23	23
24	24	24	24	24	24
25	25	25	25	25	25
26	26	26	26	26	26
27	27	27	27	27	27
28	28	28	28	28	28
29	29	29	29	29	29
30		30	30	30	30
31		31		31	

Ein Lächeln schenken

Geschenke sollen ein Lächeln auf Gesichter zaubern und die Welt für einen Moment zum Stehen bringen. Für diesen Augenblick entwickeln wir mit viel Liebe immer neue GROH-Geschenke, die berühren.

In ihrer großen Themenvielfalt und der besonderen Verbindung von Sprache und Bild bewahren sie etwas sehr Persönliches.

Den Menschen Freude zu bereiten und ein Lächeln zu schenken, das ist unser Ziel seit 1928.

Ihr

Herausgegeben von Anna Johannsen.

Idee und Konzept: Groh Verlag.
 Printed in Malaysia.

Textnachweis:
Wir danken allen Autoren bzw. deren Erben, die uns freundlicherweise die Erlaubnis zum Abdruck von Texten erteilt haben, sowie dem © Suhrkamp Verlag Frankfurt am Main, aus: Bernard Shaw, Gesammelte Stücke in Einzelausgaben, für die Genehmigung des Zitats auf S. 48, dem © Verlag Aenne Burda, Offenburg für die Genehmigung des Zitats auf S. 62, dem © C.H. Beck Verlag, München für die Genehmigung des Zitats auf S. 109 und dem © S. Fischer Verlag, Frankfurt am Main für die Genehmigung des Zitats auf S. 128.

Titelbild, S. 2, 3, 190: Burazin/Masterfile;
Marienkäfer: Andreas Dörig
ISBN 978-3-86713-494-1

107004-5052-01